Chinesisch kochen

einfach gut

> Autorin: **Cornelia Schinharl** | Fotos: **Jörn Rynio**

Inhalt

Die Rezepte

Extra

Gesund, einfach, gut

»Hast du schon gegessen«, so begrüßt man sich in manchen Gebieten Chinas. Das symbolisiert den Stellenwert, den Kochen und Essen im Land der Mitte einnehmen. Und es ist kein Widerspruch, dass die Gerichte keineswegs immer kompliziert und aufwändig sind. Oft kommen einfache Speisen auf den Tisch, die aber raffiniert gewürzt oder zusammengestellt sind. Wir haben versucht, etwas von dieser kulinarischen Lebensart einzufangen und dabei die Rezepte ein wenig den europäischen Einkaufsmöglichkeiten und Vorlieben angepasst.

Chinas Vielfalt

China ist etwa so groß wie ganz Europa. Kein Wunder also, dass es eine überregionale chinesische Küche im Grunde nicht gibt, denn in jedem Teil des Landes kocht man ein bisschen anders.

1 | Der Süden

Hier liegt die Provinz Kanton, die heute als die Region mit der besten chinesischen Küche gilt. Auch in Deutschland wird meist kantonesisch gekocht.

Hier liebt man besonders Dim sum, also verschiedene Vorspeisen, gedämpft oder frittiert, begleitet von z. B. einer Tasse grünem Tee.

2 | Der Westen

Was hier auf den Tisch kommt, ist als Sichuan-Küche bekannt und berühmt. Im Sommer wird es bis zu 40° heiß, deshalb werden viele Gerichte scharf gewürzt. Man legt weniger Wert auf raffiniertes und feines Essen als auf ein kräftiges Aroma.

3 | Der Norden

Die Küche des Nordens wird auch als die klassische Küche Chinas bezeichnet. Denn dort liegen Peking und der Kaiserpalast. Man liebte und liebt hier feine Nudelgerichte und natürlich auch die berühmte Peking-Ente. Die Zubereitung dieser Ente ist übrigens in einem herkömmlichen Haushalt etwas schwierig, deshalb finden Sie das Rezept dafür in diesem Ratgeber nicht. Essen Sie diese Spezialität lieber einmal in einem guten chinesischen Lokal.

4 | Der Osten

Der Osten Chinas ist wasserreich, das günstige Klima ermöglicht den Anbau von Reis und Gemüse. In dieser Re-

2 *In China nimmt man ein spezielles Küchenbeil zum Kleinschneiden.*

gion werden die Zutaten sehr sorgfältig geschnitten und fein zubereitet. Stark gewürzte Gerichte findet man hier eher selten.

Wichtig: Die meisten chinesischen Gerichte werden in kleineren Mengen zubereitet. Das liegt daran, dass man in China selten nur ein Gericht auf den Tisch bringt. Wir haben die Mengen so angepasst, dass man auch mit einem Gericht satt werden kann, in den meisten Fällen mit reichlich Reis als Beilage.

Essen und Anrichten

Chinesische Besonderheiten

In China kommt immer mehr als nur ein Gericht auf den Tisch. Sind vier Menschen festlich versammelt, gibt es in der Regel drei Vorspeisen, vier Hauptgerichte und eine Suppe. Alles wird auf Platten und Schälchen angerichtet und oft kunstvoll verziert. Das kann mit einer komplizierten Rose oder einem Schwan aus Gemüse geschehen, aber auch ein einfacher Gurkenfächer oder eine Chiliblüte reichen schon aus. Für die Blüte 1 Schote von der Spitze zum Stielansatz in Streifen schneiden und in kaltes Wasser legen. Dadurch biegen sich die Streifen nach außen. Gegessen wird in Schälchen und mit Stäbchen. Das ist eine Kunst, die man mit etwas Übung ganz leicht lernen kann.

Gurkenfächer

1 Gurkenstück längs halbieren und schräg zuschneiden. In kleinen Abständen Einschnitte bis fast zum anderen Ende machen. Von diesem Fächer jede zweite Schicht nach innen einklappen.

Stäbchen halten

Das obere Stäbchen an das obere Ende des Zeigefingers lehnen, mit Daumen und Mittelfinger halten.

Das 2. Stäbchen

Das zweite Stäbchen oberhalb legen und mit Zeigefinger und Daumen halten.

Stäbchen bewegen

Das untere Stäbchen bleibt fixiert, beim Essen bewegt man nur das obere Stäbchen und fasst die Dinge damit.

Grundrezept

Die Chinesen essen Nudeln genauso gern, aber Reis gehört zu fast jedem Gericht. Er wird ein bisschen anders gekocht, als wir es gewohnt sind. Salz kommt übrigens nicht an den Reis. Denn die Gerichte, zu denen man ihn serviert, sind so gut abgeschmeckt, dass Salz am Reis eher stören würde.

Reis kochen

FÜR 4 PERSONEN

➤ **400 g asiatischer Langkornreis, z. B. Duftreis**

TIPP

Reis trocken dämpfen

Der Reis soll wirklich sehr trocken werden. Wenn sich beim Garen am Boden des Topfes eine Kruste bildet, ist das sogar gut. Denn die kann man ablösen und am nächsten Tag in heißem Öl frittieren. Schmeckt mit gebratenem Gemüse ganz ausgezeichnet.

1 *Den Reis in ein Sieb schütten und unter dem kalten Wasserstrahl kurz abspülen.*

2 *Den Reis in einen mittelgroßen Topf geben. So viel kaltes Wasser in den Topf schütten, dass es etwa 1 cm über dem Reis steht.*

3 *Den Reis zum Kochen bringen. Deckel auflegen, einen Kochlöffel zwischen Topf und Deckel legen. Bei schwacher Hitze 5–10 Min. kochen, bis die Flüssigkeit verdampft.*

4 *Die Hitze noch kleiner schalten, den Deckel jetzt ganz auflegen und den Reis noch et 10 Min. quellen lasse*

Garmethoden

Dämpfen

Die ideale Garmethode für alles Zarte wie Fisch oder auch feine Teigtaschen ist das Dämpfen. Die Zutaten garen zugedeckt über dem heißen Wasserdampf, der auch gewürzt sein kann. Gedämpft wird in speziellen Dämpfeinsätzen oder Bambuskörbchen, aber auch auf Tellern. Dazu eine hitzebeständige Tasse umgedreht in den Topf stellen. Den Teller mit den Zutaten darauf stellen, Flüssigkeit angießen und zum Kochen bringen. Zugedeckt dämpfen.

Die Dämpfflüssigkeit hat nach dem Garen übrigens meist ein gutes Aroma. Also nicht wegschütten, sondern für die Sauce verwenden. Noch besser wird sie, wenn man als Grundlage Hühner-, Fisch- oder Gemüsefond statt Wasser verwendet.

Marinieren

Häufig werden aromatische Zutaten, beispielsweise Reiswein, untergemischt. Fleisch verrührt man oft mit Eiweiß und/oder Speisestärke. Das macht das Fleisch zarter.

Pfannenrühren

Diese Garmethode setzt auf starke Hitze und fein geschnittene Zutaten. Zuerst wird der Wok oder die große Pfanne leer erhitzt, dann das Öl und zuletzt die Zutaten. Die harten zuerst, die mit kurzer Garzeit zum Schluss. Und immer rühren!

Schmoren

Werden die Zutaten nach dem Anbraten mit Flüssigkeit und zugedeckt gegart, spricht man von Schmoren. Die Hitze wird reduziert. Zum Schluss kann man die Flüssigkeit bei starker Hitze noch etwas einkochen lassen.

Frittieren

Zutaten mit oder ohne Teighülle werden in heißem Fett gegart. **Wichtig:** Das Fett muss wirklich heiß sein, damit sich die Zutaten nicht vollsaugen. Zur Probe ein Holzstäbchen hineinhalten. Bilden sich viele Bläschen, ist das Fett heiß genug.

Warenkunde

Bambussprossen:
Die Sprossen der Bambuspflanze werden bis zu 30 cm lang. Je nach Hersteller werden sie in Stücken oder schon geschnitten eingemacht.
Nach dem Ernten muss man sie schälen und kochen, denn rohe Bambussprossen enthalten Blausäure. Bei uns werden selten frische Sprossen angeboten, meist bekommt man sie in Dosen oder Gläsern. Wintersprossen gelten als zarter und delikater als Frühlingssprossen.
Kaufen können Sie Bambussprossen im Supermarkt und im Asienladen.

Fermentierte schwarze Bohnen:
Für diese würzige Spezialität werden eingeweichte Sojabohnen gekocht und anschließend mit Salz und Gewürzen fermentiert.
Die Bohnen sind leicht scharf und werden klein gehackt als Würzmittel verwendet.
Kaufen können Sie fermentierte Bohnen im Asienladen.
Falls sie in einer Tüte verkauft werden, füllen Sie sie nach dem Öffnen in ein Schraubglas um und bewahren sie im Kühlschrank auf.
Ersatz: scharfe Bohnensauce aus dem Glas.

Glasnudeln: Die dünnen weißen Nudeln werden aus gemahlenen Mungobohnen (einer Sojabohnenart), etwas Kartoffelstärke und Wasser hergestellt. Sie müssen vor der Zubereitung eingeweicht werden. Da sie sehr lang sind, schneidet man sie anschließend oft etwas kleiner, am besten mit einer Schere.
Glasnudeln können Sie im Asienladen, aber auch in fast jedem Supermarkt kaufen.
Ersatz: Anstelle der Glasnudeln kann man auch dünne Reisnudeln verwenden. Behandelt werden sie gleich.

Ingwer: Es gibt kaum ein Gericht, in dem die würzige Wurzel nicht verwendet wird. Man verwendet sie frisch geschält und zerkleinert oder gepresst. Ingwer zählt nach der Yin- und Yang-Lehre zu den wärmenden Gewächsen. Ingwer wird meist mitgegart, selten roh verwendet.
Ingwer bekommen Sie in jedem Supermarkt, beim Gemüsehändler oder im Asienladen.
Kaufen Sie immer nur so viel, wie Sie innerhalb weniger Wochen aufbrauchen, sonst trocknet die Wurzel aus. Ingwer am besten im Kühlschrank aufbewahren.

Mu-Err-Pilze: Sie heißen auch Wolkenohrpilze, Holzohr-Pilze oder chinesische Morcheln und werden nur getrocknet angeboten. Die Pilze passen gut zu Fleisch und in Suppen, aber auch zu anderen Gemüsesorten.
Die Pilze werden in warmem Wasser etwa 15 Min. eingeweicht, sie werden dabei beträchtlich größer. Danach alle festen Stücke, vor allem am Stielansatz, abschneiden. Statt Mu-Err-Pilzen können Sie auch frische oder getrocknete Shiitake (Tongku) nehmen.

Reisessig: Er wird wie jeder andere Essig auch mit einer Essigmutter zubereitet. Grundstoff ist Reiswein. Chinesischer Essig ist dunkelbraun und schmeckt ziemlich kräftig. Japanischer Reisessig ist milder und klar. Er wird verwendet, wenn man vermeiden will, dass die Gerichte sich dunkel färben.
Reisessig können Sie im Asienladen und in gut sortierten Supermärkten kaufen.
Der dunkle Reisessig lässt sich zur Not auch einmal durch einen milden Aceto balsamico ersetzen. Aber vorsichtig dosieren, denn Reisessig ist weniger sauer.

Reiswein: Er wird auch Shaoxinwein genannt, da er in der Provinz Zhejiang hergestellt wird. Er ist bernsteinfarben und wird aus Reiskörnern gewonnen. In China trinkt man ihn kalt oder warm; er wird auch zum Kochen verwendet.
Kaufen können Sie Reiswein im Asienladen. Er hält sich nach dem Öffnen sehr lange.
Falls Sie keinen chinesischen Reiswein bekommen, können Sie auch japanischen Sake verwenden oder einen halbtrockenen Sherry.

Sesamöl:
Es wird nicht zum Garen verwendet, sondern zum Schluss als aromatische Würze über fertige Gerichte geträufelt. Das intensiv braune Sesamöl wird aus gerösteten Sesamsamen hergestellt.
Achten Sie beim Kauf darauf, dass das Öl wirklich aus gerösteten Samen gewonnen wurde, ansonsten schmeckt es mild und eignet sich nicht zum Würzen.
Kaufen Sie kleinere Flaschen, da das Öl nur begrenzt haltbar ist.
Immer dunkel und kühl, aber nicht im Kühlschrank aufbewahren.

Warenkunde

Shiitake-Pilze: Die Pilze, die auch Dongguoder Tongku-Pilze heißen, sind in China sehr beliebt und werden mit Gemüse, aber auch mit Fleisch zubereitet. Es gibt sie sowohl frisch als auch getrocknet, meist werden sie getrocknet verwendet. Die Pilze werden etwa 30 Min. in lauwarmem Wasser eingeweicht, die zähen Stiele schneidet man ab. Getrocknete Shiitake-Pilze bekommen Sie im Asienladen. Ersatzweise können Sie frische Shiitake- oder Austernpilze verwenden.

Sojasauce: Die wichtigste Würze der chinesischen Küche wird aus Sojabohnen, Weizen und Wasser durch Fermentation hergestellt. Außerdem ist Salz in unterschiedlichen Mengen enthalten.
Bei den chinesischen Sojasaucen unterscheidet man helle und dunkle. Helle nimmt man für Gerichte, die ihre Farbe behalten sollen.
Kaufen können Sie Sojasauce im Asienladen, aber auch im Supermarkt.
Ersatz: Japanische Sojasaucen und solche mit Pilzen schmecken sehr intensiv, thailändische und indonesische etwas süßlich.

Sojasprossen: Obwohl sie den Namen »Soja« tragen, werden sie selten aus gewöhnlichen Sojabohnen, sondern aus Mungobohnen, grünen Sojabohnen, hergestellt. Man lässt die Bohnen nach dem Einweichen ein paar Tage keimen, bis sich ein zarter Spross zeigt. Sojasprossen werden zusammen mit anderen Gemüsesorten gebraten oder auch als Beilage zubereitet, selten roh gegessen. Sojasprossen bekommen Sie beim Gemüsehändler, im Naturkostladen oder im Asienladen. Frische schmecken besser als die aus Glas oder Dose.

Tofu: Tofu wird aus der »Milch« von Sojabohnen und einem Gerinnungsmittel ähnlich wie Quark hergestellt und dann gepresst. Er hat hochwertiges Eiweiß und kaum Kalorien.
Tofu kann man braten, frittieren oder schmoren, er hat wenig Eigengeschmack und harmoniert daher mit vielen anderen Zutaten.
Tofu können Sie im Asienladen, aber auch in Reformhäusern und Naturkostläden kaufen.
Ersatz: Im Asienladen wird ein japanischer Instant-Tofu angeboten, den man aus Pulver selber herstellen kann. Er schmeckt feiner als der fertige.

Blitzdesserts

Gebackene Bananen: 50 g Speisestärke mit 2 Eiweißen gut verrühren. 3–4 Bananen schälen und halbieren. Die Hälften noch einmal längs durchschneiden. Öl zum Frittieren erhitzen. Die Bananen durch die Eiweißmischung ziehen und im heißen Fett goldgelb frittieren. Abtropfen und abfetten lassen, mit etwas Honig beträufeln und servieren.

Mandelgelee: 100 g gemahlene Mandeln mit 200 ml Wasser und 50 ml Milch zum Kochen bringen und 15 Min. ziehen lassen. Dann durch ein mit einem Tuch ausgelegtes Sieb gießen und gut ausdrücken. 4 Blatt Gelatine einweichen. Die Mandelmilch mit 1–2 Tropfen Bittermandelaroma und 80 g Zucker aufkochen lassen, Gelatineblätter ausdrücken und einzeln in der Masse auflösen. Das Gelee in eine Form füllen und 2 Std. kühl stellen. In Würfel schneiden und mit frischem Obst, z. B. Litschis und Erdbeeren, servieren.

Frittierte Süßkartoffeln: 500 g Süßkartoffeln schälen und in Scheiben, diese in gut 1 cm dicke Stifte schneiden. Öl zum Frittieren erhitzen. Die Süßkartoffeln mit Küchenpapier gut trockentupfen und portionsweise im heißen Fett goldgelb frittieren. Abtropfen und abfetten lassen. 2 EL Sesamsamen ohne Fett bei mittlerer Hitze goldgelb anrösten. 4 EL Honig, 1 EL Zitronensaft und 2 EL Wasser dazugeben und erhitzen. Süßkartoffeln auf Tellern anrichten und mit der Sauce beträufeln. Heiß servieren.

Walnussmus: 2 Scheiben Toastbrot entrinden und in lauwarmem Wasser einweichen. Dann ausdrücken. 100 g Walnusskerne in 5 EL Öl knusprig braten, herausnehmen und sehr fein hacken. 50 g kandierten Kürbis (ersatzweise Melone, Aprikosen oder Orangen) ebenfalls sehr fein hacken. Brot im verbliebenen Fett kurz braten, 4 EL Zucker dazugeben und braten, bis das Brot musig ist. Walnüsse und Kürbis dazugeben und abkühlen lassen. Mus auf Teller verteilen und mit Mandarinenschnitzen verzieren.

Vorspeisen

Selten kommt in China nur eine Vorspeise auf den Tisch. Man liebt es, verschiedene Kleinigkeiten zu probieren, ohne sich daran satt zu essen. Kalte Salate und warme Gerichte werden getrennt angerichtet, aber zusammen auf den Tisch gestellt. Lassen Sie sich von dieser Sitte inspirieren und bereiten Sie zum Beispiel einen oder zwei Salate und eine der warmen Vorspeisen zu. Dazu gibt es in China übrigens meist Reiswein oder Reisschnaps.

Blitzrezepte

Scharfer Gurkensalat

FÜR 4 PERSONEN

➤ 400 g Gurken | 1 TL Sichuan-Pfeffer-
körner | 2 EL Öl | 4 getrocknete Chili-
schoten | Salz | 1 EL heller Reisessig
2 EL Sesamöl

1 | Die Gurken waschen und die Enden
abschneiden. Gurken der Länge nach
halbieren und die Kerne herauskratzen.
Gurken in etwa 5 cm lange und 1/2 cm
dicke Stücke schneiden.

2 | Sichuan-Pfeffer fein zerdrücken. Öl er-
hitzen. Chilischoten (es dürfen auch weniger sein) und Pfeffer darin anbraten. Gurken dazugeben und bei starker Hitze in
3–4 Min. bissfest braten. Salzen und abkühlen lassen. Mit dem Essig mischen und
mit dem Sesamöl beträufeln.

Spinatsalat mit Ingwer

FÜR 4 PERSONEN

➤ 500 g Blattspinat | Salz | 1 Möhre
1 Stück frischer Ingwer (3 cm) | 1 EL
heller Reisessig | 1 EL helle Sojasauce
1 Prise Zucker | 1 EL Sesamöl

1 | Den Spinat verlesen und sehr gründ-
lich in kaltem Wasser waschen. In kochen-
dem Salzwasser etwa 1 Min. blanchieren.
Abgießen, kalt abschrecken und sehr gut
abtropfen lassen.

2 | Die Möhre schälen, putzen und grob
raspeln. Den Ingwer schälen und sehr fein
hacken. Mit dem Essig, der Sojasauce, Salz
und dem Zucker mischen. Spinat und
Möhre untermengen. Salat mit Sesamöl
beträufeln und servieren.

Klassiker | gut vorzubereiten

Frühlingsrollen

FÜR 4 PERSONEN

- ➤ 20 TK-Frühlingsrollen-
  blätter
  25 g Glasnudeln
  6 getrocknete Mu-Err-Pilze
  3 junge Möhren
  3 Frühlingszwiebeln
  1 Bund Schnittlauch
  150 g gegarte geschälte
  Garnelen
  2 EL Öl + 1 l Öl
  zum Frittieren
  150 g Schweinehackfleisch
  2 EL Sojasauce | Salz

- ⏱ Zubereitung: 1 Std. 15 Min.
- ➤ Pro Portion ca.: 335 kcal

1 | Frühlingsrollenblätter mit einem Küchentuch bedeckt auftauen lassen. Glasnudeln und Pilze getrennt in lauwar-mem Wasser etwa 10 Min. quellen lassen, bis sie geschmeidig sind.

2 | Möhren schälen und putzen, Frühlingszwiebeln putzen, beides in feine Streifen schneiden. Schnittlauch waschen und in 1 cm lange Stücke schneiden. Garnelen klein würfeln. Glasnudeln abtropfen lassen und kleiner schneiden. Pilze ohne Stiele in Streifen schneiden.

3 | 2 EL Öl erhitzen. Fleisch darin anbraten. Gemüse, Garnelen, Glasnudeln und Pilze kurz mitbraten. Die Mischung mit Sojasauce und Salz abschmecken, Schnittlauch untermischen.

4 | Die Teigblätter ausbreiten und jedes mit etwas Füllung belegen. Die Blätter aufrollen.

5 | Das Öl zum Frittieren gut erhitzen. Die Frühlingsrollen darin in drei Portionen in je 3–4 Min. knusprig und goldgelb frittieren. Abtropfen und auf Küchenpapier abfetten lassen. Sofort servieren.

- ➤ Beilage: süße Chilisauce (oder Sojasauce, mit geriebenem Ingwer, Sesamöl und eventuell etwas Chiliöl gemischt)
- ➤ Getränk: Bier

1 Blätter belegen

Etwas Füllung unten auf das Frühlingsrollenblatt legen.

2 Füllung ein-schlagen

Das Blattunterteil über die Füllung schlagen.

3 Blätter aufrollen

Die Seiten nach innen klappen und das Blatt aufrollen.

gut vorzubereiten

Reiskugeln

FÜR 4 PERSONEN

➤ 150 g Klebreis
　2 Knoblauchzehen
　1 Stück Ingwer (2 cm)
　500 g mageres Schweine-
　hackfleisch
　1 Eiweiß | 3 EL Sojasauce
　1 EL Reiswein
　1 Prise Zucker | Salz
　4 Blätter Chinakohl

🕐 Quellzeit: 12 Std.
🕐 Zubereitung: 50 Min.
➤ Pro Portion ca.: 265 kcal

1 | Den Reis waschen, mit Wasser bedecken und über Nacht einweichen.

2 | Knoblauch und Ingwer schälen und fein hacken, mit Hackfleisch, Eiweiß, Sojasauce, Reiswein, Zucker und Salz verkneten. Teig zu walnussgroßen Kugeln formen.

3 | Reis abtropfen lassen und auf einen Teller schütten. Die Kugeln darin wälzen. Chinakohl waschen und in ein Dämpfkörbchen legen, die Reiskugeln darauf anordnen.

4 | In einen Topf oder den Wok 2–3 cm hoch Wasser gießen und aufkochen lassen. Die Reiskugeln zugedeckt über dem heißen Dampf etwa 30 Min. garen.

➤ Beilage: Sojasauce (eventuell mit etwas Sesam- oder Chiliöl gemischt)

vegetarisch | für Gäste

Teigtäschchen

FÜR 4 PERSONEN

➤ 10 g frische Hefe
　250 g Mehl
　Salz
　6 getrocknete Mu-Err-
　Pilze
　150 g grüne Bohnen
　150 g Weißkohl
　50 g Bambussprossen
　2 EL Öl | 2 EL Sojasauce
　2 EL Sesamöl
　1 TL Chiliöl
　Mehl zum Arbeiten

🕐 Zubereitung: 1 Std. 30 Min.
➤ Pro Portion ca.: 345 kcal

1 | Die Hefe in 1/8 l lauwarmem Wasser auflösen, mit Mehl und Salz verkneten.

Den Teig zugedeckt an einem warmen Ort etwa 30 Min. gehen lassen.

2 | Die Pilze in lauwarmem Wasser etwa 15 Min. einweichen. Bohnen putzen, waschen und in feine Scheiben schneiden. Kohl waschen und klein würfeln. Pilze ohne Stiele und Bambussprossen fein hacken. Öl erhitzen und alles darin etwa 5 Min. braten. Mit Sojasauce, Sesamöl und Chiliöl abschmecken.

3 | Teig in walnussgroße Stücke teilen und auf wenig Mehl rund und dünn ausrollen. Mit Füllung belegen, den Teig darüber zusammen fassen und die Enden leicht verdrehen. Teigtaschen in ein Dämpfkörbchen legen.

4 | In einen Topf oder den Wok 2–3 cm hoch Wasser gießen und aufkochen lassen. Teigtäschchen zugedeckt über dem heißen Dampf etwa 10 Min. garen.

➤ Beilage: Sojasauce
➤ Getränk: Bier

zum Mitnehmen

Kalte Nudeln mit scharfer Sauce

FÜR 4 PERSONEN

- ➤ 300 g chinesische Eiernudeln
  4 EL Sesamöl
  6 Stangen grüner Spargel
  Salz | 1 kleine Gurke
  100 g gegarte geschälte Garnelen
  1 Stück Ingwer (2 cm)
  2 Frühlingszwiebeln
  1 1/2 EL scharfer Senf
  4 EL Sojasauce
  4 EL dunkler Reisessig

🕐 Zubereitung: 20 Min.
➤ Pro Portion ca.: 385 kcal

1 | Die Nudeln nach Packungsangabe bissfest garen, in ein Sieb abgießen und kurz kalt abschrecken. Abtropfen lassen und mit 3 EL Sesamöl mischen.

2 | Spargel waschen und die Enden abschneiden. Stangen in Salzwasser in 5 Min. bissfest garen. Abtropfen lassen und schräg in Scheiben schneiden. Gurke waschen, längs halbieren und entkernen, in feine Scheiben schneiden. Garnelen eventuell halbieren.

3 | Ingwer schälen und fein reiben. Zwiebeln waschen, putzen und fein hacken. Senf mit Sojasauce, Essig und 1 EL Sesamöl verrühren, Ingwer und Zwiebeln untermischen.

4 | Nudeln mit Garnelen, Spargel und Gurke belegen und mit Sauce beträufeln.

gut vorzubereiten

Huhn auf Glasnudeln

FÜR 4 PERSONEN

- ➤ 300 g Hähnchenbrustfilet
  Salz
  50 g Glasnudeln
  1 Salatgurke
  1 getrocknete Chilischote
  4 EL Sesampaste
  3 EL dunkle Sojasauce
  2 EL Sesamöl
  1 TL Zucker

🕐 Zubereitung: 35 Min. + Abkühlzeit
➤ Pro Portion ca.: 245 kcal

1 | Das Fleisch kalt waschen, in einem Topf mit Wasser bedecken, salzen und zum Kochen bringen. Zugedeckt bei schwacher Hitze etwa 10 Min. garen. Im Sud erkalten lassen.

2 | Glasnudeln mit heißem Wasser übergießen und 10 Min. quellen lassen. Gurke waschen, längs halbieren und entkernen. Die Gurke in dünne Streifen schneiden.

3 | Das Fleisch in feine Streifen schneiden. Die Gurke auf vier Tellern anrichten. Glasnudeln abtropfen lassen, etwas kleiner schneiden und mit dem Fleisch auf der Gurke verteilen.

4 | Chili fein zerkrümeln. Sesampaste mit Sojasauce, Sesamöl, Zucker, Chili und eventuell wenig Wasser verrühren. Die Sauce über das Hähnchen träufeln.

macht was her

Frittierte Garnelenbrote

FÜR 4 PERSONEN

➤ 1 dünne Stange Lauch
  1 Stück Ingwer (2 cm)
  150 g beliebiges Fischfilet
  150 g geschälte Garnelen
  1 EL Reiswein
  Salz | Pfeffer
  1 Eiweiß
  1 EL Speisestärke
  8 Scheiben Toastbrot
  100 g Sesamsamen
  1 l Öl zum Frittieren

🕐 Zubereitung: 40 Min.
➤ Pro Portion ca.: 290 kcal

1 | Den Lauch waschen, putzen und sehr fein hacken. Den Ingwer schälen und reiben. Fisch und Garnelen mit einem großen Messer klein hacken.

2 | Alles mit Reiswein, Salz, Pfeffer, Eiweiß und der Speisestärke gut mischen.

3 | Die Brotscheiben entrinden und vierteln. 16 Scheiben dick mit Garnelenpaste bestreichen und mit je 1 Scheibe abdecken. Gut zusammendrücken, die Seiten mit Garnelenpaste bestreichen und in die Sesamsamen drücken.

4 | Das Öl gut heiß werden lassen. Die Garnelenbrote darin portionsweise in 3–4 Min. goldgelb frittieren. Auf einer dicken Lage Küchenpapier abfetten lassen. Die Brote heiß servieren.

TIPP Dass die Brotscheiben Fett aufnehmen, lässt sich nicht vermeiden. Wer es weniger fett haben möchte: Fischmasse zu Kugeln formen, in Sesam wälzen und frittieren.

preiswert

Bunter Salat

FÜR 4 PERSONEN

➤ 4 getrocknete Shiitake-Pilze
  2 Stangen Sellerie
  1 Stück Rettich (etwa 100 g)
  1 Möhre
  1 rote Paprikaschote
  2 EL Öl
  2 EL Sojasauce
  2 EL Reisessig
  1 EL Zucker | Salz
  1 EL Sesamöl

🕐 Zubereitung: 40 Min.
➤ Pro Portion ca.: 130 kcal

1 | Die Pilze mit heißem Wasser überbrühen und 30 Min. quellen lassen.

2 | Inzwischen das Gemüse waschen und putzen. Sellerie in 10 cm lange Stücke, diese in Streifen schneiden. Rettich und Möhre in dünne Scheiben, diese in Streifen schneiden, ebenso die Paprika. Die Pilze abtropfen lassen und ohne Stiele in Streifen schneiden.

3 | Das Öl erhitzen. Pilze darin unter Rühren etwa 5 Min. braten. Dann in einer Schüssel mit dem übrigen Gemüse mischen.

4 | Sojasauce mit Essig, Zucker und Salz gründlich verrühren. Sesamöl unterschlagen und die Sauce unter das Gemüse mischen.

➤ Beilage: Krupuk

Gemüse und Tofu

In der chinesischen Küche kommt viel Gemüse zum Einsatz, mal mit, mal ohne Fleisch und Fisch. Ein weiteres Plus: Das Gemüse wird klein geschnitten und nur kurz gegart, so bleiben die Vitamine optimal erhalten. Lassen Sie sich also verführen von den gesunden, feinen Gemüsegerichten, die Sie mit Fleisch- oder Fischgerichten, aber auch solo servieren können.

Blitzrezepte

Pilze mit Knoblauch

FÜR 4 PERSONEN

➤ 500 g Austernpilze | 8 Knoblauchzehen
4 EL Öl | 3 EL Sojasauce | 1 Msp. Fünf-
Gewürze-Pulver | 1 EL Sesamöl nach
Belieben

1 | Pilze mit Küchenpapier abreiben, die
dicken Stiele abschneiden. Pilze in Streifen
schneiden. Knoblauch schälen und in
Scheiben schneiden.

2 | Öl erhitzen. Knoblauch darin anbraten.
Pilze unter Rühren etwa 5 Min. mitbraten.
Alles mit Sojasauce und Gewürzpulver
abschmecken und vor dem Servieren
eventuell mit Sesamöl beträufeln.

Scharfer Weißkohl

FÜR 4 PERSONEN

➤ 600 g Weißkohl | 4 getrocknete Chili-
schoten | 4 EL Öl | 3 EL heller Reisessig
1 EL Zucker | Salz

1 | Kohl waschen, von den dicken Rippen
befreien und in Streifen schneiden. Chilischoten zerkrümeln.

2 | Öl erhitzen. Kohlstreifen und Chili
darin 3–4 Min. braten. Reisessig mit
Zucker mischen und dazugießen. Kohl
salzen und servieren.

gelingt leicht | schnell

Tofu nach Art von Ma Po

FÜR 4 PERSONEN

➤ 1 Stück Ingwer (2 cm)
2 Frühlingszwiebeln
4 Knoblauchzehen
2 getrocknete Chilischoten
2 EL fermentierte schwarze Bohnen
500 g Tofu | 3 EL Öl
200 g Schweinehackfleisch
1/4 l Hühnerbrühe
2 EL Sojasauce | Salz

🕐 Zubereitung: 30 Min.
➤ Pro Portion ca.: 370 kcal

1 | Ingwer schälen und in feine Streifen schneiden. Frühlingszwiebeln waschen, putzen und in Ringe schneiden. Knoblauch schälen und fein schneiden. Chilischoten und Bohnen fein hacken. Tofu in etwa 1 cm große Würfel schneiden.

2 | Öl erhitzen. Ingwer, Zwiebeln, Knoblauch und Chili darin kurz braten. Hackfleisch unter Rühren mitbraten, bis es leicht gebräunt und krümelig ist.

3 | Bohnen und Brühe dazugeben, erhitzen. Den Tofu in die Sauce legen und in etwa 5 Min. sehr heiß werden lassen. Mit Sojasauce und Salz abschmecken.

➤ Beilage: Reis und Sesamöl zum Beträufeln
➤ Getränk: Bier

TIPP Wenn Sie die Sauce dickflüssig mögen: 1 TL Speisestärke mit wenig Wasser anrühren, untermischen und aufkochen lassen.

vegetarisch

Tofu mit Gemüse

FÜR 4 PERSONEN

➤ 4 getrocknete Mu-Err-Pilze
1 größere Möhre
1 großes Bund Frühlingszwiebeln
500 g Tofu
1 Stück Ingwer (2 cm)
4 EL Öl
100 g TK-Erbsen, aufgetaut
1 TL Chilisauce
1 TL Speisestärke
2 EL Sojasauce | Salz

🕐 Zubereitung: 30 Min.
➤ Pro Portion ca.: 245 kcal

1 | Pilze in lauwarmem Wasser 15 Min. einweichen.

2 | Möhre schälen, in dünne Scheiben schneiden. Zwiebeln putzen, waschen, längs halbieren und in 5 cm lange Stücke schneiden. Tofu abtropfen lassen und in Streifen schneiden. Ingwer stifteln. Pilze abtropfen lassen und ohne Stiele in Streifen schneiden.

3 | Das Öl erhitzen. Den Tofu darin bei starker Hitze unter Rühren braten, wieder herausnehmen. Möhre, Zwiebeln, Ingwer und Pilze 1–2 Min. braten, Erbsen 1–2 Min. mitbraten.

4 | Chilisauce mit Speisestärke, Sojasauce und 100 ml Wasser verrühren. Zum Gemüse geben, Tofu untermischen und kräftig aufkochen lassen. Mit Salz abschmecken.

➤ Beilage: Reis
➤ Getränk: Bier oder grüner Tee

im Bild vorne: **Tofu mit Gemüse**   *im Bild hinten:* **Tofu nach Art von Ma Po** ➤

preiswert | vegetarisch

Gebratener Reis

FÜR 4 PERSONEN

- ➤ 1 Pak choi (ersatzweise 1/2 Chinakohl)
  1 rote Paprikaschote
  200 g Zuckerschoten
  200 g Austernpilze
  4 Schalotten | 6 EL Öl
  600 g gekochter Reis (300 g roh)
  2 EL Reiswein
  2 EL Sojasauce | Salz
  2 Eier

- ⏲ Zubereitung: 35 Min.
- ➤ Pro Portion ca.: 420 kcal

1 | Gemüse waschen und putzen. Pak choi in Streifen schneiden. Paprika in dünne Streifen schneiden. Pilze mit Küchenpapier abreiben und in Streifen schneiden. Schalotten schälen und in feine Scheiben schneiden.

2 | Die Hälfte vom Öl im Wok oder in einer großen Pfanne heiß werden lassen. Reis darin braten und wieder herausnehmen. Übriges Öl erhitzen. Die Schalotten darin unter Rühren etwa 1 Min. braten, das ganze klein geschnittene

Gemüse dazugeben und bei starker Hitze unter ständigem Rühren etwa 3 Min. braten.

3 | Mit Reiswein, Sojasauce und eventuell Salz abschmecken. Reis untermischen und heiß werden lassen. Eier verquirlen, über den Reis und das Gemüse geben und garen, bis das Ei nicht mehr flüssig, aber auch nicht trocken ist.

- ➤ Beilage: Gurkensalat, Sojasauce und Sambal oelek
- ➤ Getränk: Bier

scharf | schnell

Nudeln mit Bambus

FÜR 4 PERSONEN

- ➤ 300 g chinesische Eiernudeln
  3 frische rote Chilischoten
  200 g Bambussprossen
  2 Stangen Sellerie
  1 Stück Ingwer (2 cm)
  4 Frühlingszwiebeln
  4 EL Öl
  2 EL Reiswein (ersatzweise Sherry)
  4 EL Sojasauce | Salz
  Korianderblättchen

- ⏲ Zubereitung: 25 Min.
- ➤ Pro Portion ca.: 370 kcal

1 | Die Nudeln nach Packungsangabe garen, kalt abschrecken und abtropfen lassen.

2 | Chili waschen, ohne Stiele, aber mit den Kernen fein hacken. Bambus abtropfen lassen, eventuell in Streifen schneiden. Sellerie waschen, putzen und in Streifen schneiden. Ingwer schälen und fein hacken. Zwiebeln waschen, putzen und hacken.

3 | Öl erhitzen. Ingwer, Sellerie, Chili und Zwiebeln darin kräftig anbraten. Bambus 1 Min. mitbraten. Nudeln, Reiswein und Sojasauce untermischen und alles sehr heiß werden lassen. Mit Salz abschmecken und mit Korianderblättchen bestreuen.

preiswert | vegetarisch

Süß-saure Kartoffeln

FÜR 4 PERSONEN

➤ 6 getrocknete Mu-Err-Pilze
2 Stangen Lauch
600 g festkochende Kartoffeln
6 EL Öl
1 EL Sichuan-Pfefferkörner
8 EL brauner Reisessig
2 EL Zucker
4 EL Sojasauce
Salz bei Bedarf
Schnittlauchröllchen zum Bestreuen

🕘 Zubereitung: 35 Min.
➤ Pro Portion ca.: 295 kcal

1 | Die Pilze mit heißem Wasser begießen und etwa 15 Min. quellen lassen.

2 | Inzwischen den Lauch putzen, waschen und in feine Streifen schneiden. Die Kartoffeln schälen, in dünne Scheiben, dann in feine Streifen schneiden. In einem Sieb kalt abspülen und gut abtrocknen. Die Pilze ohne die Stiele in feine Streifen schneiden.

3 | Das Öl im Wok oder in einer großen Pfanne mit den Pfefferkörnern erhitzen. Pfeffer etwa 1 Min. braten, herausfischen.

4 | Kartoffeln ins Öl rühren und bei mittlerer Hitze in etwa 6 Min. bissfest braten. Lauch und Pilze 2–3 Min. mitbraten.

5 | Reisessig mit Zucker und Sojasauce verrühren, über das Gemüse gießen und unter Rühren 2 Min. weiterbraten. Eventuell salzen. Mit Schnittlauch bestreut servieren.

scharf | gelingt leicht

Auberginen in würziger Sauce

FÜR 4 PERSONEN

➤ 2 Auberginen (etwa 500 g)
1 Ei | 8 EL Mehl
1 TL Fünf-Gewürze-Pulver
Salz
2 Frühlingszwiebeln
1 Stück Ingwer (2 cm)
1/2 l Öl
2 EL scharfe Bohnenpaste
2 EL Sojasauce
1 EL dunkler Reisessig

🕘 Zubereitung: 45 Min.
➤ Pro Portion ca.: 125 kcal

1 | Die Auberginen schälen und in 2 cm große Würfel schneiden. Ei mit Mehl, Fünf-Gewürze-Pulver, Salz und etwa 4 EL Wasser zu einem dickflüssigen Teig verrühren.

2 | Zwiebeln waschen und putzen, Ingwer schälen und beides sehr fein hacken.

3 | Öl erhitzen. Auberginen durch den Teig ziehen und portionsweise im Öl goldgelb frittieren. Auf Küchenpapier abfetten lassen und im Backofen bei 70° warm halten.

4 | Das Öl bis auf einen dünnen Film abgießen. Ingwer und Zwiebeln darin anbraten. Bohnensauce mit Sojasauce, Essig und 80 ml Wasser verrühren und kräftig aufkochen lassen. Die Sauce über die Auberginen gießen.

➤ Beilage: Reis

preiswert

Buntes Wok-gemüse

FÜR 4 PERSONEN

➤ 10 getrocknete Mu-Err-Pilze

1 rote Paprikaschote

3 Stangen Sellerie

3 Möhren

200 g Chinakohl

80 g Bambussprossen

80 g Sojasprossen

1 Stück Ingwer | 4 EL Öl

1 TL Speisestärke

4 EL Sojasauce

Salz | Pfeffer

🕒 Zubereitung: 30 Min.
➤ Pro Portion ca.: 175 kcal

1 | Pilze 15 Min. in lauwarmem Wasser einweichen.

2 | Gemüse waschen oder schälen und putzen. Paprika, Sellerie, Möhren und Kohl in feine Streifen schneiden. Bambus eventuell kleiner schneiden. Sojasprossen abtropfen lassen. Ingwer schälen und fein hacken. Pilze ohne Stiele in Streifen schneiden. Vom Einweichwasser etwa 100 ml abmessen.

3 | Öl erhitzen. Ingwer, Möhren und Sellerie 2 Min. unter Rühren braten. Paprika und Pilze 2 Min. mitbraten. Das restliche Gemüse 1 Min. mitbraten.

4 | Pilzflüssigkeit mit Speisestärke verrühren, dazugießen, aufkochen lassen und alles mit Sojasauce, Salz und Pfeffer pikant abschmecken. Rasch servieren.

➤ Beilage: Reis, Sesamöl, Sojasauce und eventuell Chiliöl

gelingt leicht | schnell

Süß-saurer Brokkoli

FÜR 4 PERSONEN

➤ 500 g Brokkoli | Salz

200 g frische Shiitake-Pilze (ersatzweise Austernpilze)

1 Stück Ingwer (2 cm)

2 Knoblauchzehen

2 TL Speisestärke

2 EL Zucker

3 EL Tomatenketchup

4 EL Sojasauce

3 EL Reisessig | 3 EL Öl

Salz | Pfeffer

🕒 Zubereitung: 25 Min.
➤ Pro Portion ca.: 290 kcal

1 | Brokkoli waschen, in Röschen teilen und in kochendem Salzwasser 1 Min. blanchieren. Abschrecken und abtropfen lassen. 150 ml Kochwasser abmessen.

2 | Pilze mit Küchenpapier abwischen, ohne Stiele in Streifen schneiden. Ingwer und Knoblauch schälen und fein hacken.

3 | Speisestärke mit Brokkoliwasser, Zucker, Ketchup, Sojasauce und Essig verrühren.

4 | Öl erhitzen. Knoblauch, Ingwer und Pilze darin unter Rühren 4 Min. braten. Brokkoli 2 Min. mitbraten. Die Sauce angießen und zum Kochen bringen. Das Gemüse salzen und pfeffern.

➤ Beilage: Reis und Sojasauce

im Bild links: **Buntes Wokgemüse**   *im Bild rechts:* **Süß-saurer Brokkoli** ➤

Mit Fleisch und Geflügel

Huhn und Schweinefleisch sind in China die Favoriten. Rindfleisch und Lamm gab und gibt es eher selten, Ente meist nur zu besonderen Anlässen. Ohnehin wandert Fleisch selten allein in den Wok, fast immer ist Gemüse dabei, in jedem Fall aber eine feine Sauce, die sich dann mit Reis oder Nudeln wunderbar ergänzt. Und: Fast alles ist im Handumdrehen fertig.

Blitzrezepte

Huhn mit Ananas

FÜR 4 PERSONEN

➤ 400 g Hühnerbrustfilets | 2 TL Speise-
stärke | 1 Eiweiß | Salz | 1 kleine Dose
Ananasstücke (430 g Inhalt) | 3 EL Öl
1 EL Reiswein | 1 EL Schnittlauch-
röllchen

1 | Hühnerfleisch waschen, trockentupfen
und in Streifen schneiden. Speisestärke
mit 2 TL Wasser, Eiweiß und Salz verrühren. Fleisch untermischen. Ananas
abtropfen lassen, Saft auffangen.

2 | Öl erhitzen. Fleisch darin unter Rühren
2–3 Min. braten. Ananas 1–2 Min. mitbraten. Mit Reiswein ablöschen, eventuell
etwas Ananassaft dazu gießen. Salzen, mit
Schnittlauch bestreut servieren.

Lamm mit Lauch

FÜR 4 PERSONEN

➤ 500 g Lammkeule ohne Knochen
2 EL Sojasauce | 4 EL Reiswein
500 g zarter Lauch | 5 EL Öl | Salz
1 EL Sesamöl

1 | Lammfleisch in dünne Scheiben
schneiden, größere noch einmal halbieren.
1 EL Sojasauce und 2 EL Reiswein mischen
und unter das Fleisch rühren.

2 | Lauch waschen, putzen und schräg in
dünne Ringe schneiden.

3 | Öl erhitzen. Lamm darin bei starker
Hitze 1–2 Min. braten. Lauch 1 Min. mitbraten. Mit übriger Sojasauce und rest-
lichem Reiswein mischen, salzen und noch
1–2 Min. garen. Mit Sesamöl beträufeln.

Klassiker | für Gäste

Süß-saures Schweinefleisch

FÜR 4 PERSONEN

➤ 600 g mageres Schweine-
fleisch

5 EL Speisestärke

2 Eier | Salz

300 g Gemüse (rote
Paprika, Stangensellerie
und Gurke)

2 Knoblauchzehen

2 EL Zucker

3 EL heller Reisessig

5 EL passierte Tomaten
(Fertigprodukt)

1/2 l Öl

🕐 Zubereitung: 50 Min.

➤ Pro Portion ca.: 370 kcal

1 | Fleisch in 1 cm dicke
Scheiben, dann in ebenso
breite Streifen schneiden.
Speisestärke mit 3 EL Wasser
verrühren, Eier und 1 kräftige
Prise Salz untermischen.
Fleisch unterrühren.

2 | Gemüse waschen und
putzen, Gurke entkernen.
Alles in feine Streifen oder
Scheiben schneiden. Knob-
lauch schälen und fein
hacken. Zucker, Essig, etwa

100 ml Wasser und passierte
Tomaten verrühren.

3 | Öl im Wok erhitzen.
Fleisch darin portionsweise
rundherum 3 Min. frittieren.
Auf Küchenpapier abfetten
lassen und im Backofen bei
70° warm halten.

4 | Das Öl bis auf eine dünne
Schicht aus dem Wok gießen.
Paprika und Sellerie 2 Min.
braten, Gurke und Knoblauch
1 Min. mitbraten. Sauce dazugießen und heiß werden
lassen, salzen. Fleisch untermischen und rasch servieren.

gut vorzubereiten

Gegrillte Rippchen

FÜR 4 PERSONEN

➤ 1,5 kg Spareribs
(etwa 10 cm lang)

1 Stück Ingwer (5 cm)

4 Knoblauchzehen

2 EL Honig | 2 EL Sesamöl

4 EL Sojasauce | 2 EL Reis-
wein

2 EL scharfe Bohnenpaste

1 getrocknete Chilischote
nach Belieben

Salz | 2 EL Öl

🕐 Marinieren: 12 Std.

🕐 Zubereitung: 45 Min.

➤ Pro Portion ca.: 590 kcal

1 | Spareribs mit einem
feuchten Tuch abwischen
und das Fleisch mit einem
scharfen Messer mehrmals
leicht einschneiden.

2 | Ingwer und Knoblauch
schälen und durch die Presse
drücken. Honig, Sesamöl,
Sojasauce, Reiswein und
Bohnenpaste dazugeben.
Chili zerkrümeln, unter-
mischen und die Masse
salzen. Spareribs damit
mischen und mindestens
12 Std. kühl stellen.

3 | Den Backofengrill auf
mittlere Stufe vorheizen.
Das Backblech mit Öl be-
streichen. Spareribs darauf
legen und etwa 15 Min. gril-
len, dabei einmal wenden.
Mit Marinade bepinseln und
in weiteren 15 Min. schön
knusprig braten. Dabei mehrmals wenden und mit Mari-
nade bepinseln.

scharf | schnell

Huhn mit Erdnüssen

FÜR 4 PERSONEN

➤ 700 g Hähnchenbrustfilet
  1 Eiweiß
  1 EL Speisestärke
  Salz
  5 getrocknete rote Chilischoten
  3 EL Sojasauce
  3 EL Reiswein
  3 EL dunkler Reisessig
  2 TL Zucker
  5 EL Öl
  150 g frische Erdnusskerne

🕐 Zubereitung: 20 Min.
➤ Pro Portion ca.: 485 kcal

1 | Das Hühnerfleisch trockentupfen und in 1 cm große Würfel schneiden. Eiweiß mit Speisestärke und Salz verquirlen, Fleisch darunter mischen.

2 | Chilischoten zerkrümeln. Sojasauce mit Reiswein, Essig und Zucker verrühren.

3 | Öl erhitzen. Die Erdnüsse darin unter Rühren in etwa 1 Min. braun braten. Herausheben, gut abtropfen lassen und beiseite stellen.

4 | Fleisch und Chilis ins Öl geben und etwa 2 Min. braten. Sauce dazugießen, Erdnüsse unterrühren und noch einmal gut erhitzen.

➤ Beilage: Reis oder auch Glasnudeln
➤ Getränk: Pils oder grüner Tee

preiswert

Gebratene Nudeln mit Huhn und Bambus

FÜR 4 PERSONEN

➤ 300 g chinesische Eiernudeln
  5 EL Öl
  2 Knoblauchzehen
  1 Stück Ingwer (2 cm)
  4 Frühlingszwiebeln
  50 g Bambussprossen
  1 rote Paprikaschote
  250 g Hähnchenbrustfilet
  3 EL Sojasauce
  Salz

🕐 Zubereitung: 35 Min.
➤ Pro Portion ca.: 450 kcal

1 | Nudeln nach Packungsangabe garen, kalt abschrecken und sehr gut abtropfen lassen. Mit 1 EL Öl mischen.

2 | Knoblauch und Ingwer schälen und in dünne Scheiben, den Ingwer in Streifen schneiden. Die Frühlingszwiebeln waschen und putzen. In etwa 5 cm lange Stücke schneiden, diese längs in feine Streifen schneiden. Die Bambussprossen abtropfen lassen. Paprika waschen, putzen und in feine Streifen schneiden. Das Hühnerfleisch waschen, trockentupfen und in Streifen schneiden.

3 | Das restliche Öl erhitzen. Die Nudeln darin unter Rühren 1–2 Min. braten, herausnehmen. Huhn mit Knoblauch, Ingwer und Zwiebeln im Öl kurz durchschwenken. Paprika dazurühren und etwa 1 Min. braten. Bambussprossen etwa 1 Min. mitbraten, mit der Sojasauce würzen. Die Nudeln dazugeben, mit Salz abschmecken und servieren.

Klassiker auf neue Art
Ente mit Köstlichkeiten

FÜR 4 PERSONEN

- 10 getrocknete Shiitake-Pilze
  2 Entenbrüste (etwa 600 g)
  1 EL Speisestärke
  4 EL Reiswein | Salz
  2 Zwiebeln
  2 Stangen Sellerie
  150 g Zuckerschoten
  1 Stück Ingwer (2 cm)
  3 EL Öl
  1/4 l Asiafond oder Hühnerbrühe
  1 TL gemahlener Sichuan-Pfeffer

⏱ Zubereitung: 45 Min.
- Pro Portion ca.: 640 kcal

1 | Die Pilze mit warmem Wasser begießen und etwa 30 Min. quellen lassen.

2 | Entenbrüste häuten und in dünne Scheiben schneiden. Speisestärke mit 2 EL Reiswein und Salz mischen und unter das Fleisch rühren.

3 | Zwiebeln schälen, halbieren und in Streifen schneiden. Sellerie waschen, putzen und in Scheiben schneiden. Zuckerschoten waschen, putzen. Ingwer schälen und in Stifte, Pilze ohne Stiele in Streifen schneiden.

4 | Öl erhitzen. Gemüse, Ingwer und Pilze darin unter Rühren 2 Min. braten. Fleisch 2 Min. mitbraten. Mit restlichem Reiswein ablöschen. Fond oder Brühe angießen, alles mit Sichuan-Pfeffer würzen und 3 Min. köcheln lassen.

- Beilage: Reis und Sojasauce
- Getränk: Bier

gelingt leicht | fettarm
Huhn in Reiswein

FÜR 4 PERSONEN

- 1 Hähnchen (etwa 1,3 kg)
  3/4 l Reiswein
  1 Stück Ingwer (4 cm)
  1 Stange Lauch
  2 EL Öl | 2 Sternanis
  2 getrocknete Shiitake-Pilze
  2 TL Sichuan-Pfefferkörner
  Salz | 1 kleine Gurke
  1 TL Speisestärke

⏱ Zubereitung: 1 Std. 20 Min.
- Pro Portion ca.: 695 kcal

1 | Das Hähnchen waschen und trockentupfen. Mit 100 ml Reiswein übergießen. Ingwer schälen, Lauch waschen und putzen. Beides in Scheiben schneiden.

2 | Das Öl in einem Schmortopf erhitzen. Hähnchen darin kräftig anbraten. Den übrigen Reiswein, auch den von der Marinade, und 1 1/4 l Wasser dazugießen. Lauch, Ingwer, Sternanis, Pilze, Sichuan-Pfeffer und Salz dazugeben. Hähnchen zugedeckt bei schwacher Hitze etwa 1 Std. schmoren.

3 | Gurke waschen, der Länge nach halbieren und in Scheiben schneiden. 1/4 l Garflüssigkeit abmessen und zum Kochen bringen. Gurke darin 1 Min. garen. Speisestärke mit 1 TL Wasser verrühren, untermischen und aufkochen lassen. Sauce abschmecken und zum Huhn servieren.

- Beilage: Reis und Pflaumensauce (Fertigprodukt)

gut vorzubereiten
Chinesische Ravioli

FÜR 4 PERSONEN

➤ **400 g Mehl**
  1 Stück Ingwer (2 cm)
  2 Knoblauchzehen
  1 Stange Lauch
  350 g mageres Schweine-hackfleisch
  1 EL Reiswein
  2 EL Sojasauce
  2 TL dunkler Reisessig
  1 EL Sesamöl | Salz
  Mehl zum Arbeiten

🕐 Zubereitung: 1 Std. 30 Min.
➤ Pro Portion ca.: 460 kcal

1 | Mehl mit 200 ml lauwarmem Wasser glatt verkneten. In einem feuchten Tuch 30 Min. ruhen lassen.

2 | Ingwer und Knoblauch schälen. Lauch waschen und putzen. Alles sehr fein hacken und mit dem Hackfleisch und allen restlichen Zutaten verkneten.

3 | Teig in vier Stücke teilen und jedes zu etwa 2 cm dicken Rollen formen. Da-

von je 2 cm lange Stücke abschneiden, zu einer Kugel formen und auf Mehl möglichst rund ausrollen.

4 | Die Füllung darauf verteilen. Teig zu Halbmonden zusammenklappen und die Ränder zusammendrücken. Ravioli in reichlich kochendem Wasser etwa 4 Min. garen. Abtropfen lassen.

➤ Beilage: Sojasauce mit dunklem Reisessig und Sesamöl gemischt

gelingt leicht
Fleisch mit Glasnudeln und Spinat

FÜR 4 PERSONEN

➤ **150 g Glasnudeln**
  2 Stangen Sellerie
  200 g Spinat
  1 Stück Ingwer (2 cm)
  1 getrocknete Chilischote
  1 EL fermentierte schwarze Bohnen
  4 EL Öl
  300 g mageres Hackfleisch
  2 EL Sojasauce
  1/8 l Hühnerbrühe
  1 EL Sesamöl

🕐 Zubereitung: 35 Min.
➤ Pro Portion ca.: 525 kcal

1 | Die Glasnudeln mit warmem Wasser bedecken und 10 Min. quellen lassen.

2 | Sellerie waschen, putzen und in Würfel schneiden. Spinat verlesen und gründlich waschen. Ingwer schälen und mit der Chilischote und den schwarzen Bohnen fein hacken.

3 | Öl erhitzen, Ingwermischung darin bei mittlerer Hitze braten. Fleisch und Sellerie unter Rühren mitbraten, bis das Fleisch krümelig ist. Den Spinat dazugeben und zusammenfallen lassen. Mit Sojasauce abschmecken, Brühe dazugießen.

4 | Die Glasnudeln abtropfen lassen und etwas kleiner schneiden. Untermischen und alles noch etwa 2 Min. garen. Abschmecken, mit dem Sesamöl beträufeln und servieren.

Klassiker | herzhaft
Rindfleisch mit Austernsauce

FÜR 4 PERSONEN

➤ 500 g Rinderlende oder -filet

1/2 EL Speisestärke

1 EL Reiswein | Salz

1 grüne Paprikaschote (oder 200 g Brokkoli-röschen)

1 Stück Ingwer (2 cm)

2 Knoblauchzehen

2 EL Sojasauce

3 EL Austernsauce

1 TL Zucker

4 EL Öl

🕐 Zubereitung: 20 Min.
➤ Pro Portion ca.: 265 kcal

1 | Das Fleisch erst in dünne Scheiben, dann in feine Streifen schneiden. Die Speisestärke mit dem Reiswein, 1 EL Wasser und etwas Salz verrühren. Fleisch untermischen.

2 | Paprika waschen, putzen und in Rauten schneiden. Ingwer und Knoblauch schälen und fein hacken. Sojasauce mit Austernsauce und Zucker verrühren.

3 | Das Öl erhitzen, das Fleisch darin bei starker Hitze unter Rühren etwa 1 Min. braten. An den Rand schieben. Ingwer und Knoblauch kurz braten, dann die Paprika dazugeben und etwa 2 Min. weiter braten. Das Fleisch wieder untermischen, die Sauce dazurühren und abschmecken.

➤ Beilage: Reis

gelingt leicht | schnell
Rindfleisch mit Tomaten

FÜR 4 PERSONEN

➤ 500 g Rinderlende oder -filet

200 g feste Tomaten

2 Frühlingszwiebeln

1 Stück Ingwer (2 cm)

4 EL Öl

2 Sternanis

1/8 l Fleischbrühe

2 EL Sojasauce

3 TL Zucker

Salz

1 TL Speisestärke

🕐 Zubereitung: 30 Min.
➤ Pro Portion ca.: 335 kcal

1 | Das Fleisch in Scheiben, dann in feine Streifen schneiden. Tomaten waschen und in Stücke schneiden. Frühlingszwiebeln waschen, putzen und in Ringe schneiden. Ingwer schälen und fein hacken.

2 | Öl erhitzen. Fleisch darin in 2 Portionen anbraten und wieder herausnehmen. Anis, Frühlingszwiebeln und Ingwer im Öl kräftig anbraten.

3 | Die Brühe angießen, Tomaten untermischen und mit Sojasauce, Zucker und Salz abschmecken. Die Speisestärke mit wenig Wasser anrühren und untermischen. Das Fleisch wieder dazugeben und alles etwa 5 Min. kochen lassen.

➤ Beilage: Reis und Sesamöl
➤ Getränk: Bier oder Roséwein

Mit Fisch

Fisch und Meeresfrüchte schmecken nicht nur gut, sondern haben in China auch vielfache symbolische Bedeutung. Fische werden mit Reichtum in Verbindung gebracht, sollen am Silvesterabend für Wohlstand und Zufriedenheit im neuen Jahr sorgen und ihr Motiv schmückt viele Gebäude. Besonders beliebt ist der Glücksbringer Karpfen. Ohnehin sind Süßwasserfische beliebter als solche aus dem Meer. Aber das kann bei den Fischgerichten in diesem Kapitel jeder ganz nach seinem Geschmack entscheiden.

Blitzrezepte

Fisch mit jungem Knoblauch

FÜR 4 PERSONEN

➤ 600 g beliebiges Fischfilet │ 8 Knoblauchzehen (von jungem Knoblauch)
2 EL Öl │ 1 EL scharfe Bohnenpaste
1 EL Reiswein │ 2 EL helle Sojasauce
1 TL Speisestärke │ 1/8 l Hühnerbrühe
Salz

1 │ Fisch kalt abspülen und in Würfel
schneiden. Knoblauch schälen und in
Scheiben schneiden.

2 │ Öl erhitzen. Knoblauch darin 1/2 Min.
braten. Fisch dazugeben, 1 Min. braten.
Bohnenpaste unterrühren. Reiswein und
Sojasauce dazugeben. Stärke mit Brühe
verrühren, dazugießen. Einmal aufkochen lassen, salzen und servieren.

Fisch mit Fünf-Gewürze-Pulver

FÜR 4 PERSONEN

➤ 600 g dünne Fischfilets │ 3 EL Reiswein
Salz │ 1 Stange Lauch │ 1 Stück Ingwer
(2 cm) │ 2 EL Öl │ 4 EL Sojasauce │ 2 TL
Fünf-Gewürze-Pulver

1 │ Fischfilets kalt abspülen und trockentupfen, mit Reiswein beträufeln und salzen. Lauch waschen, putzen und in 1/2 cm
breite Ringe schneiden. Ingwer schälen
und in Scheiben schneiden.

2 │ Öl erhitzen, Lauch und Ingwer darin
anbraten. Fisch kurz mitbraten. Sojasauce
und Gewürzpulver mit 200 ml Wasser
mischen und dazugießen. Fisch 10 Min.
köcheln lassen. Mit Salz abschmecken.

gelingt leicht | fettarm

Gedämpfter Ingwerfisch

FÜR 4 PERSONEN

➤ 1 ganzer Fisch oder
2 kleinere (etwa 1 kg, z. B. Barsch oder Lachsforelle)
3 Blätter Pak choi (oder Mangold)
Salz
1 Stück Ingwer (4 cm)
2 Knoblauchzehen
1 Stange Lauch
3 EL helle Sojasauce
3 EL Reiswein
1 EL Sesamöl | 1 TL Zucker

🕐 Zubereitung: 30 Min.
➤ Pro Portion ca.: 210 kcal

1 | Fisch innen und außen kalt waschen und trockentupfen. Pak choi waschen und die dicken Rippen flacher schneiden. Einen Dämpfeinsatz damit auslegen. Fisch salzen und auf die Blätter legen.

2 | Ingwer und Knoblauch schälen, in dünne Scheiben schneiden. Lauch putzen und waschen, in 5 cm lange Stücke und diese dann in feine Streifen schneiden. Ingwer, Knob-lauch und Lauch auf dem Fisch verteilen.

3 | In einem großen Topf 2–3 cm hoch Wasser erhitzen. Den Dämpfeinsatz mit dem Fisch in den Topf stellen. Sojasauce, Reiswein, Sesamöl und Zucker verrühren und über den Fisch löffeln.

4 | Den Fisch zugedeckt bei starker Hitze 10–15 Min. (je nach Größe) dämpfen. Gar-flüssigkeit dazureichen.

➤ Beilage: Reis

schnell | preiswert

Gebratener Fisch mit Gemüse

FÜR 4 PERSONEN

➤ 4 getrocknete Mu-Err-Pilze
500 g festes Fischfilet (z. B. Kabeljau)
1 Eiweiß
2 EL Reiswein | Salz
je 1 rote und grüne Paprikaschote
50 g Bambussprossen
1 TL Speisestärke
4 EL Öl
100 g TK-Erbsen (aufgetaut)
1 EL Sesamöl

🕐 Zubereitung: 30 Min.
➤ Pro Portion ca.: 270 kcal

1 | Pilze in lauwarmem Wasser 15 Min. einweichen. Den Fisch kalt abspülen, trocken-tupfen und in gut 1 cm große Würfel schneiden. Eiweiß mit 1/2 EL Reiswein und Salz mischen und unter die Fischwürfel heben.

2 | Paprika waschen, putzen und in Würfel schneiden. Bambus klein würfeln. Speise-stärke mit 5 EL Wasser ver-rühren. Pilze ohne Stiele in Streifen schneiden.

3 | Öl erhitzen, Fischwürfel darin unter Rühren etwa 2 Min. braten, herausheben. Gemüse und Pilze 2 Min. braten. Mit dem übrigen Reiswein ablöschen. Speise-stärke dazurühren, Fisch wieder untermischen und noch 1 Min. ziehen lassen. Salzen und mit Sesamöl beträufeln.

➤ Beilage: Reis

preiswert | scharf

Frittierter Fisch mit Sauce

FÜR 4 PERSONEN

➤ 600 g beliebiges Fischfilet
  3 EL Reiswein
  Salz
  3 Eier
  100 g Mehl
  1 grüne Paprikaschote
  1 Stange Lauch
  1 Stück Ingwer (2 cm)
  2 Knoblauchzehen
  3/4 l Öl
  2 EL scharfe Bohnenpaste
  1 EL Zucker

🕐 Zubereitung: 35 Min.
➤ Pro Portion ca.: 410 kcal

1 | Das Fischfilet kalt abspülen, trockentupfen und in mundgerechte Stücke schneiden. Diese mit Reiswein und Salz mischen.

2 | Eier mit dem Mehl, etwa 4 EL kaltem Wasser und Salz zu einem dickflüssigen Teig verrühren.

3 | Paprika waschen, putzen und in Rauten schneiden. Den Lauch waschen, putzen und in dünne Streifen schneiden. Ingwer und Knoblauch schälen und in Stifte schneiden.

4 | Das Öl in einer tiefen Pfanne oder dem Wok erhitzen. Die Fischstücke portionsweise durch den Teig ziehen und im heißen Öl in 3–4 Min. goldgelb frittieren. Mit einem Schaumlöffel herausheben und auf Küchenpapier abfetten lassen. Die Fischstücke im Backofen bei 50° warm halten.

5 | Das Öl bis auf einen dünnen Film ausgießen. Paprika und Lauch im Öl 2 Min. unter Rühren braten. Ingwer und Knoblauch 1 Min. mitbraten. Bohnensauce, 50 ml Wasser und den Zucker gut vermischen und unterrühren. Die Sauce mit Salz abschmecken. Die Fischstücke untermischen und gleich servieren.

➤ Beilage: Reis

TIPP

Fischbällchen süß-sauer

600 g beliebiges Fischfilet sehr fein hacken. Mit 1 EL Reiswein und Salz mischen. 2 Eiweiße mit 1 EL Speisestärke verquirlen und untermengen. Teig zu walnussgroßen Bällchen formen. 1 Stange Lauch fein hacken. 4 Knoblauchzehen und 2 cm Ingwer fein schneiden. 2 TL Speisestärke mit 5 EL Wasser verrühren. 3 EL Zucker mit 4 EL dunklem Reisessig, 3 EL Sojasauce und 2 EL Reiswein verrühren. Fischbällchen in 1/2 l heißem Öl portionsweise in 3–4 Min. goldgelb frittieren, dann herausheben. Öl bis auf einen dünnen Film ausgießen. Lauch, Knoblauch und Ingwer darin anbraten. Zuckermischung dazurühren. Angerührte Speisestärke untermischen. Einmal aufkochen lassen, mit Salz abschmecken. Klößchen untermischen, mit Reis servieren.

schnell | für Gäste

Garnelen in Tomatensauce

FÜR 4 PERSONEN

- ➤ 600 g rohe geschälte Garnelen
  1 EL Reiswein
  Salz | Pfeffer
  1 Eiweiß
  2 EL Speisestärke
  2 große Tomaten
  1 Stück Ingwer (2 cm)
  2 Knoblauchzehen
  1 Bund Frühlingszwiebeln
  4 EL Öl | 2 TL Zucker

- ◷ Zubereitung: 25 Min.
- ➤ Pro Portion ca.: 275 kcal

1 | Die Garnelen kalt abspülen und trockentupfen. Am Rücken leicht einritzen und den dunklen Darm entfernen. Garnelen mit Reiswein, Salz und Pfeffer mischen. Das Eiweiß mit der Stärke verrühren und gut untermengen.

2 | Stielansätze aus den Tomaten herausschneiden. Tomaten kurz überbrühen, häuten und halbieren. Entkernen und in Streifen schneiden.

Ingwer und Knoblauch schälen und fein hacken. Zwiebeln waschen, putzen und in feine Ringe schneiden. 1 EL beiseite legen.

3 | Öl erhitzen. Garnelen darin unter Rühren braten, bis sie sich rot färben. Herausnehmen. Ingwer, Knoblauch und Zwiebelringe braten. Tomaten mitbraten. Mit 5 EL Wasser ablöschen und mit Zucker und Salz abschmecken. Garnelen untermischen, mit den Zwiebelringen bestreuen.

kalorienarm | scharf

Gebratener Tintenfisch

FÜR 4 PERSONEN

- ➤ 500 g küchenfertiger Tintenfisch
  2 TL Speisestärke
  250 g grüner Spargel
  250 g breite grüne Bohnen
  1 Stück Ingwer (2 cm)
  4 Knoblauchzehen
  2 rote Chilischoten
  4 EL Öl | 2 TL Zucker
  Salz
  1/8 l Asiafond (Glas)

- ◷ Zubereitung: 35 Min.
- ➤ Pro Portion ca.: 285 kcal

1 | Den Tintenfisch waschen, mit einem scharfen Messer rautenförmig schmal ein-, aber nicht durchschneiden. Tintenfisch in schmale Streifen schneiden und mit 1 TL Stärke mischen.

2 | Spargel und Bohnen waschen, putzen und leicht schräg in 2 cm breite Stücke schneiden. Ingwer und Knoblauch schälen, Chili waschen, fein hacken.

3 | Öl erhitzen, Tintenfisch darin unter Rühren etwa 2 Min. braten. Knoblauchmischung dazugeben und kurz weiterbraten. Den Spargel und die Bohnen dazugeben und noch etwa 4 Min. mitbraten. Mit Salz und Zucker abschmecken.

4 | Den Asiafond mit der übrigen Speisestärke verrühren und dazugießen. Alles noch etwa 4 Min. ziehen lassen.

- ➤ Beilage: Reis oder Eiernudeln

Suppen

Wundern Sie sich, dass die Suppen jetzt erst kommen? Das hat schon seine Richtigkeit, denn in China gibt es die Suppe nicht vor dem Essen, sondern danach. Oder sie wird gleich zusammen mit den anderen Gerichten auf den Tisch gestellt. Essen kann man sie übrigens auf zweierlei Arten: Entweder fischen Sie die festen Teile mit den Stäbchen heraus und trinken die Brühe oder aber Sie essen die Suppe mit kleinen Porzellanlöffeln. Serviert wird sie immer im Schälchen.

Blitzrezepte

Hühnersuppe mit Ingwer

FÜR 4 PERSONEN

➤ 4 Mu-Err-Pilze | 300 g Hühnerbrustfilet
2 EL Sojasauce | 50 g frischer Ingwer
3/4 l Hühnerbrühe | 1 Bund Schnitt-
lauch | Salz | 1 EL Sesamöl

1 | Pilze 15 Min. in lauwarmem Wasser einweichen. Hühnerbrust in schmale Streifen schneiden, mit Sojasauce mischen. Ingwer schälen, in Stifte schneiden. Pilze ohne Stiele in Streifen schneiden.

2 | Hühnerbrühe mit Ingwer und Pilzen aufkochen, 2–3 Min. köcheln lassen. Huhn 2–3 Min. mitköcheln lassen. Schnittlauch waschen und in 2 cm lange Stücke schneiden. Suppe salzen, mit Schnittlauch bestreuen und mit Sesamöl beträufeln.

Glasnudelsuppe mit Garnelen

FÜR 4 PERSONEN

➤ 75 g Glasnudeln | 100 g Rettich
4 Frühlingszwiebeln | 3/4 l Hühner-
brühe | 2 EL helle Sojasauce | Salz
200 g kleine geschälte Garnelen
Korianderblättchen

1 | Glasnudeln in lauwarmem Wasser 10 Min. einweichen. Rettich schälen, halbieren, in dünne Scheiben schneiden. Zwiebeln waschen, putzen und in Ringe schneiden.

2 | Glasnudeln abtropfen lassen und kleiner schneiden. Brühe aufkochen lassen und mit Sojasauce und Salz abschmecken. Rettich 2 Min. darin kochen lassen. Glasnudeln, Frühlingszwiebeln und Garnelen in der Suppe 1 Min. erhitzen. Mit Koriander bestreuen.

gelingt leicht

Eierblumensuppe mit Tomaten

FÜR 4 PERSONEN

➤ 1 Stück Ingwer (2 cm)
  400 g Tomaten
  1 EL Öl | 1 EL Zucker
  3/4 l Hühnerbrühe
  1 TL Sichuan-Pfeffer
  2 Frühlingszwiebeln
  3 Eier | Salz
  3 Zweige Koriandergrün
  1 EL Sesamöl

🕐 Zubereitung: 35 Min.
➤ Pro Portion ca.: 505 kcal

1 | Den Ingwer schälen und fein hacken. Stielansätze der Tomaten entfernen. Tomaten kurz überbrühen, häuten und in Streifen schneiden.

2 | Öl erhitzen, Ingwer darin anbraten. Den Zucker darüber streuen und bei mittlerer Hitze kurz karamellisieren lassen. Brühe und Tomaten dazugießen, Sichuan-Pfeffer untermischen und etwa 20 Min. köcheln lassen. Inzwischen die Frühlingszwiebeln waschen, putzen und in feine Ringe schneiden.

3 | Eier verquirlen und salzen. Die Eiermasse langsam in die Suppe laufen lassen. Etwa 1/2 Min. bei schwacher Hitze darin ziehen lassen, dann kräftig durchrühren. Die Suppe mit Zwiebelringen und Korianderblättchen bestreuen und mit dem Sesamöl beträufeln.

preiswert | für Gäste

Sauer-scharfe Suppe

FÜR 4 PERSONEN

➤ 5 getrocknete Mu-Err-Pilze
  100 g Hühnerbrust (oder Schweinefilet)
  100 g Tofu
  4 Frühlingszwiebeln
  4 Zweige Koriandergrün
  2 getrocknete Chilischoten
  3/4 l Hühnerbrühe
  1 EL Speisestärke
  2 EL dunkler Reisessig
  2 EL Sojasauce | 2 Eier
  Salz nach Geschmack

🕐 Zubereitung: 35 Min.
➤ Pro Portion ca.: 520 kcal

1 | Die Pilze in lauwarmem Wasser etwa 15 Min. quellen lassen. Fleisch in einem Topf mit Wasser bedecken und zum Kochen bringen. Bei schwacher Hitze zugedeckt etwa 10 Min. ziehen lassen.

2 | Inzwischen den Tofu in Streifen schneiden. Die Frühlingszwiebeln waschen, putzen und in feine Ringe schneiden. Koriander waschen und trockenschwenken. Blättchen abzupfen und hacken. Chili zerkrümeln.

3 | Die Pilze ohne Stiele in Streifen schneiden. Das Fleisch abtropfen lassen und in feine Scheiben schneiden.

4 | Die Brühe mit Pilzen, Chili und Frühlingszwiebeln (bis auf 1 EL) zum Kochen bringen. Die Speisestärke mit 3 EL Wasser verrühren. Mit Essig, Sojasauce und Koriander unter die Suppe rühren und einmal aufkochen lassen. Das Fleisch und den Tofu in die Suppe geben.

5 | Eier in einer Tasse leicht verquirlen, in die Suppe rühren. Die Suppe eventuell mit Salz abschmecken und mit den Zwiebelringen bestreuen.

Klassiker | für Gäste

Feuertopf

FÜR 4 PERSONEN

➤ 150 g Glasnudeln

400 g Hühnerbrust

400 g Rinder- oder Schweinefilet

300 g rohe Garnelen

250 g Tofu

600 g Gemüse (Möhren, Sojasprossen, Spinat und Champignons)

2 l Hühnerbrühe

1/8 l Reiswein

2 getrocknete Shiitake-Pilze

1 Sternanis

🕐 Zubereitung: 45 Min.

➤ Pro Portion ca.: 610 kcal

1 | Die Glasnudeln in lauwarmem Wasser etwa 10 Min. quellen lassen. Das Fleisch waschen, trockentupfen und in schmale Streifen schneiden. Garnelen aus den Schalen brechen und den Darm entfernen. Garnelen kalt abspülen und trockentupfen.

2 | Tofu würfeln, Gemüse waschen oder schälen und putzen. Möhren in Scheiben schneiden, Sprossen und Spinat ganz lassen, Pilze in Scheiben schneiden oder vierteln.

3 | Brühe und Reiswein zum Kochen bringen. Pilze und Sternanis hineingeben.

4 | Die Glasnudeln abtropfen lassen und etwas kleiner schneiden. Alle Zutaten dekorativ auf Platten anrichten.

5 | Die Brühe in den Feuertopf oder Fonduetopf füllen und auf den Tisch stellen. Die Zutaten in Siebchen in der Brühe garen. Zum Schluss gart man die Glasnudeln in der sehr intensiven Brühe.

➤ Beilagen: Sojasauce, Sesamöl, Pflaumensauce und eine Mischung aus Sojasauce, dunklem Reisessig und geriebenem oder gehacktem Ingwer

TIPP Im Feuertopf zubereitet schmecken auch Lammfleisch, Chinakohl, Spargel oder Zuckerschoten.

1 **Garnelen schälen**
Die rohen Garnelen aus ihren Schalen brechen.

2 **Garnelen aufschlitzen**
Mit einem scharfen Messer die Garnelen am Rücken aufschlitzen.

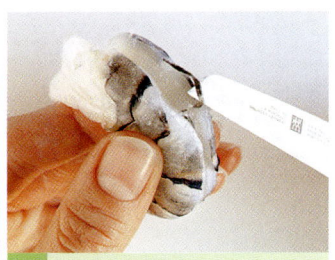

3 **Darm entfernen**
Mit der Messerspitze den schwarzen Darm aus der Garnele ziehen.

Glossar

In den Rezepten sind gelegentlich Zutaten enthalten, die weniger bekannt sind. Um das Einkaufen zu erleichtern, finden Sie hier dazu eine kurze Beschreibung.

Asiafond

Er ist im Gegensatz zum normalen Hühnerfond mit viel Gemüse zubereitet und auf asiatische Art mit Ingwer und Sojasauce gewürzt. Man bekommt den Fond in gut sortierten Supermärkten. Nach dem Öffnen im Kühlschrank lagern.

Austernsauce

Sie wird aus Sojasauce, Austernextrakt und Gewürzen hergestellt. Vor allem Rindfleisch wird mit der dickflüssigen würzigen Sauce zubereitet.

Chiliöl

Das rote und scharfe Öl wird aus gerösteten Chilischoten und Öl hergestellt. Es dient hauptsächlich als Würze der fertigen Gerichte. Man kann es auch zum Nachwürzen mit auf den Tisch stellen.

Chilisauce

Scharfe Sauce aus Chilischoten, Reisessig, Tomaten und Salz, die man zum Würzen verwenden kann oder zum Nachwürzen auf den Tisch stellt.

Chilischoten

Sie sind aus der asiatischen Küche nicht wegzudenken. Man kann frische grüne oder rote und getrocknete rote Schoten kaufen. Die Schärfe sitzt vor allem in den Kernen und den Häutchen. Möchte man vorsichtiger schärfen, sollte man diese Teile immer entfernen. Außerdem beim Vorbereiten entweder Gummihandschuhe anziehen oder aber die Hände anschließend sehr gut waschen. Und auch nicht in den Augen reiben, denn die Schärfe haftet noch eine Weile an der Haut. Wer keine Schoten hat, kann mit Chilipulver oder Cayennepfeffer würzen.

Eiernudeln

Sie werden wie europäische Nudeln hergestellt und getrocknet. Die Nudeln in Wasser bissfest kochen. Außerdem sind Instant-Eiernudeln im Handel, die nur etwa 4 Min. in heißem Wasser ziehen müssen. Richten Sie sich immer nach der Angabe auf der Packung.

Frühlingsrollenblätter

Sie können sie im Asienladen in verschiedenen Größen tiefgefroren kaufen. Die benötigte Menge entnehmen und unter einem Küchentuch auftauen lassen, damit die Blätter nicht trocken werden. Den Rest in einen Gefrierbeutel füllen und gleich wieder einfrieren.

Fünf-Gewürze-Pulver

Es ist zwar nicht scharf, aber sehr aromatisch, deshalb erst einmal sparsam dosieren. Es enthält außer Zimt, Sternanis, Nelken und Fenchel auch Sichuan-Pfeffer.

Garnelen

Nur ganz selten werden sie roh angeboten. Gegart kann man sie in Lake, in Öl oder auch tiefgefroren kaufen. Gegarte Garnelen werden nur kurz erhitzt, rohe so lange gegart, bis sie sich rötlich verfärben.

Glutamat

Eine Mischung aus Algen, Getreide oder Hülsenfrüchten, die den Geschmack der Gerichte verstärkt. Wir haben es für die Gerichte in diesem Buch nicht verwendet, weil viele Menschen auf Glutamat allergisch reagieren.

Klebreis

Er quillt beim Garen nicht so stark auf wie anderer chinesischer Reis, wird aber sehr weich und klebrig. Man verwendet ihn gemahlen oder ganz für Süßspeisen oder als Hülle für gedämpfte Gerichte. Als Beilage ist er nicht geeignet. Meist wird er vor der Zubereitung eingeweicht.

Koriandergrün

In der chinesischen Küche wird nur das würzige Kraut verwendet. Es schmeckt sehr intensiv und etwas seifig, deshalb nie zu viel nehmen. Da man Koriander nicht überall bekommt, sollten Sie es sich am besten im Töpfchen ziehen.

Krupuk

Eine indonesische Spezialität aus gemahlenen Krabben und Tapioka, passt aber auch gut zu chinesischen Vorspeisen. Krupuk können Sie im Asienladen kaufen; zu Hause nur in heißem Fett frittieren, gut abtropfen lassen, am besten warm servieren.

Öl

Für die Gerichte der chinesischen Küche nimmt man ein geschmacksneutrales Öl wie Erdnuss- oder Sojaöl.

Pak choi

Er heißt auch Blätterkohl und ist mit dem Chinakohl und dem Mangold verwandt. Pak choi schmeckt etwas intensiver und feiner, kann aber durch beide ersetzt werden. Kaufen können Sie ihn in gut sortierten Gemüsegeschäften und im Asienladen.

Reis

Ist als Beilage unerlässlich. Den besten Reis bekommen Sie nach wie vor im Asienladen.

Sambal oelek

Das scharfe Würzmittel stammt aus Indonesien und wird aus Chilis, Zucker, Öl und Salz hergestellt. Man kann es zum Würzen mit auf den Tisch stellen.

Scharfe Bohnenpaste

Sie wird aus gelben und schwarzen Bohnen, Chilischoten und Knoblauch hergestellt und zum Würzen verwendet. Der chinesische Name ist La Dou Ban Jiang. Nach dem Öffnen im Kühlschrank aufbewahren.

Sesampaste

Die würzige Paste wird aus Sesamsamen hergestellt und für die Zubereitung von Saucen und Desserts verwendet. Nach dem Öffnen im Kühlschrank lagern.

Sichuan-Pfeffer

Er ist nicht mit dem Pfeffer verwandt, sondern wächst an Bäumen. Die getrockneten Blütenknospen werden allerdings ähnlich wie Pfeffer verwendet. Man kann sie ganz mitgaren oder fein mahlen.

Speisestärke

Die Chinesen verwenden sie viel: zum Binden von Saucen, für knusprige Teighüllen und zum Marinieren von Fleisch, damit es schön zart wird. In der chinesischen Küche verwendet man hauptsächlich Maisstärke, aber auch Kartoffelstärke.

Sternanis

Er ist mit dem Anis verwandt, schmeckt aber noch intensiver. Die sternförmigen Früchte werden ganz verwendet.

Süße Chilisauce

Sie stammt aus Thailand und wird aus Chilis, Zucker und Salz hergestellt. Sie ist die ideale Beilage zu Frühlingsrollen und Teigtaschen. Man bekommt sie im Asienladen.

Zum Gebrauch

Damit Sie Rezepte mit bestimmten Zutaten noch schneller finden können, stehen in diesem Register zusätzlich auch beliebte Zutaten wie Asiafond oder Tofu – ebenfalls geordnet und **halbfett** gedruckt – über den entsprechenden Rezepten.

Die Autorin

Cornelia Schinharl interessiert sich für alles, was mit Essen und Trinken zu tun hat. Seit über 15 Jahren bringt sie ihren Erfahrungsschatz als freie Food-Journalistin und Kochbuchautorin zu Papier. Ihr Ideenpotenzial scheint unerschöpflich; auch für diesen Ratgeber hat sie wieder eine Reihe von Kreationen entwickelt, die jeden Gaumen betören.

Der Fotograf

Jörn Rynio arbeitet als Fotograf in Hamburg. Zu seinen Auftraggebern gehören nationale und internationale Zeitschriften, Buchverlage und Werbeagenturen. Aus seinem Studio stammen alle Fotos in diesem Band. Tatkräftig unterstützt wurde er dabei von den Foodstylisten Petra Speckmann und Hermann Rottmann.

Bildnachweis

Teubner Foodfoto: S. 4; alle anderen: Jörn Rynio

Bezugsquellen

www.asiatempel.de
www.divoclo.com
www.maimai.de

Redaktionsleitung:
Birgit Rademacker
Redaktion:
Alessandra Redies
Redaktionsassistenz:
Nicole Biermann
Lektorat:
Adelheid Schmidt-Thomé
Layout, Typografie und Umschlaggestaltung:
Independent Medien Design, München
Satz und Herstellung:
Verlagssatz Lingner
Herstellung:
Helmut Giersberg
Reproduktion:
Repro Schmidt, Dornbirn
Druck und Bindung:
Druckhaus Kaufmann, Lahr

ISBN 3-7742-1915-X

Auflage   5.   4.   3.   2.
Jahr   2007   06   05   04

Ein Unternehmen der
GANSKE VERLAGSGRUPPE

Das Original mit Garantie

GU KÜCHENRATGEBER

Neue Rezepte für den großen Kochspaß

ISBN 3-7742-4894-X

ISBN 3-7742-4895-8

ISBN 3-7742-4899-0

ISBN 3-7742-5452-4

ISBN 3-7742-4887-7

ISBN 3-7742-4886-9

Das macht die GU Küchenratgeber zu etwas Besonderem:

➤ *Rezepte mit maximal 10 Hauptzutaten*
➤ *Blitzrezepte in jedem Kapitel*
➤ *alle Rezepte getestet*
➤ *Geling-Garantie durch die 10 GU-Erfolgstipps*

Gutgemacht. Gutgelaunt.

Änderungen und Irrtum vorbehalten.

1

PORTIONEN

- Die Gerichte sind so konzipiert, dass man von einem Gericht satt wird.
- Wer mehrere Gerichte zubereiten will, kann die Mengen halbieren.
- Dazu gibt es für 4 Personen immer 400 g Reis oder auch Nudeln.

Geling-Garantie für Chinesisch Kochen

4

WÜRZE DAZUSTELLEN

- Viele Gerichte sind relativ mild und können gut nachgewürzt werden.
- Stellen Sie in jedem Fall Sojasauce und etwas Scharfes wie Sambal oelek, Chilisauce oder Chiliöl mit auf den Tisch.
- Sesamöl verfeinert viele Gerichte zusätzlich. Ein paar Tropfen genügen.

7

GEMÜSE

- Es sollte immer ganz frisch sein, damit es schmeckt und noch alle Inhaltsstoffe hat.
- Gemüse wird immer fein geschnitten, damit es in der kurzen Zeit gar wird.
- Achten Sie beim Mischen verschiedener Gemüsesorten auf etwa ähnliche Garzeiten oder schneiden Sie härtere Gemüse etwas feiner.

8

GEWÜRZE

- Nie zu viel auf einmal kaufen, da Gewürze rasch an Aroma verlieren.
- Dunkel aufbewahren.
- Am besten immer frisch zerkleinern: im Mörser oder in der Gewürzmühle.